D1690933

Die Deutsche Bibliothek – CIP-Einheitsaufnahme

Lottas Windrad / Barbara Graf Eckert. Ill. Evelyn Daviddi. - Basel : F. Reinhardt, 2001
(Edition Reinhardt Junior)
ISBN 3-7245-1181-7

Alle Rechte vorbehalten
© 2001 by Friedrich Reinhardt Verlag, Basel
Lektorat: Claudia Leuppi
Lithos: Reinhardt Druck, Basel
Printed in Switzerland by Reinhardt Druck, Basel

Lottas Windrad

Barbara Graf Eckert, Text
Evelyn Daviddi, Illustrationen

Friedrich Reinhardt Verlag

Aufgeregt stürmt Lotta zur Haustüre herein.
Sie wirft Jacke und Schuhe in eine Ecke und stürzt
beinahe über Leo, den Kater, der mit seiner
Gummimaus im Hausgang spielt.

«Mama!», ruft sie laut. «Ich habe ein Windrad!
Ich habe ein rotes Windrad!»

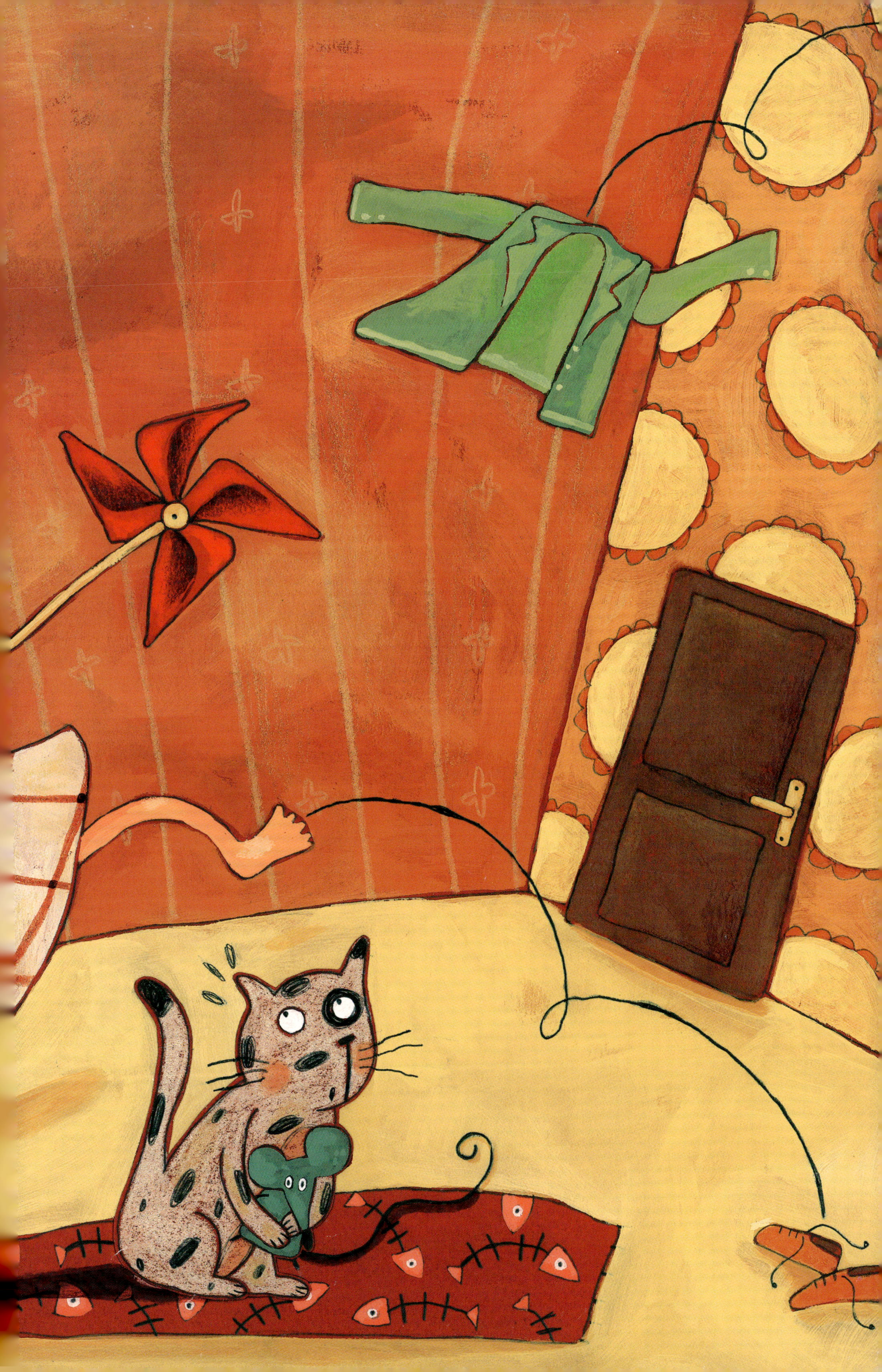

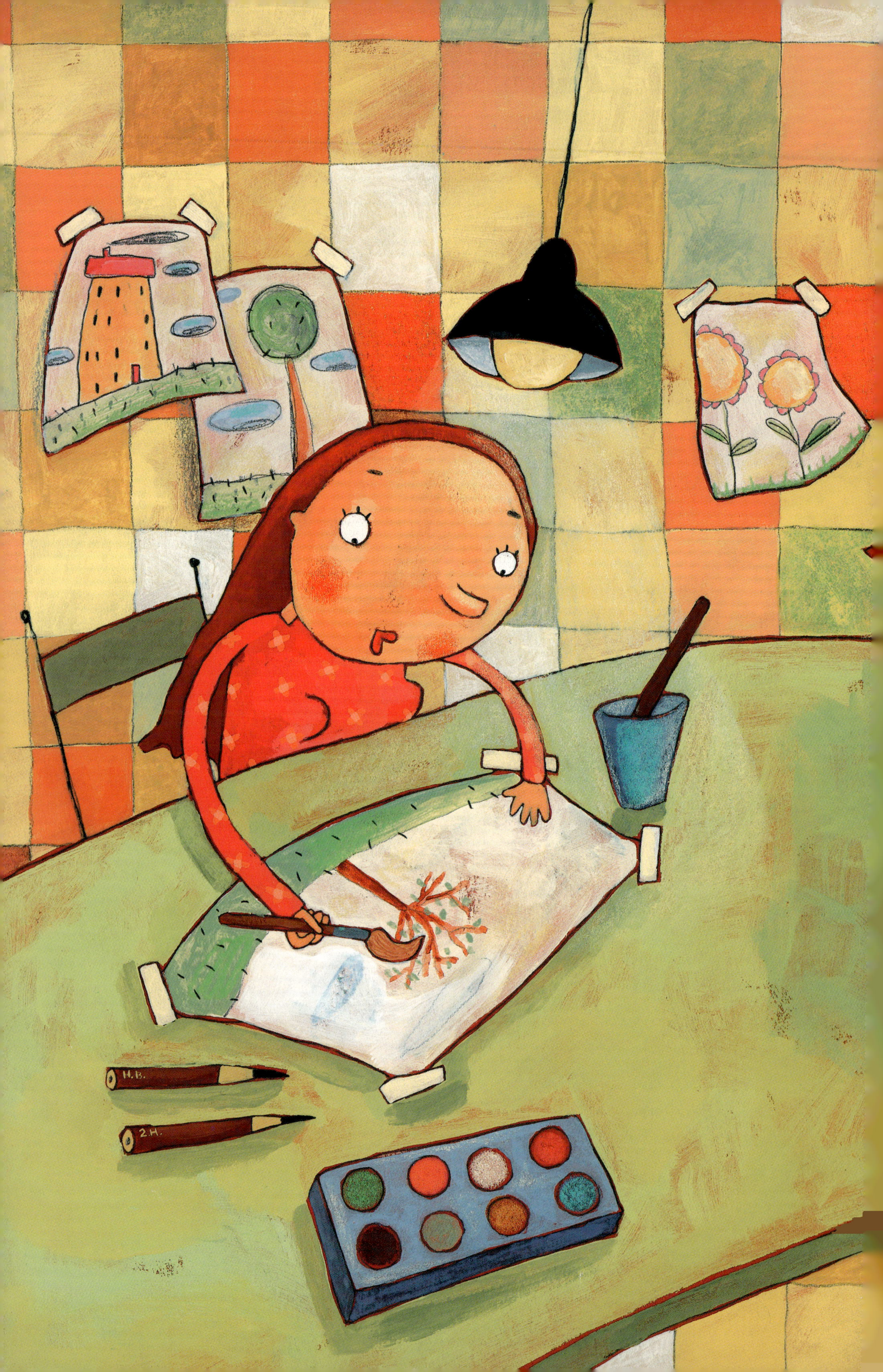
H.B.
2.H.

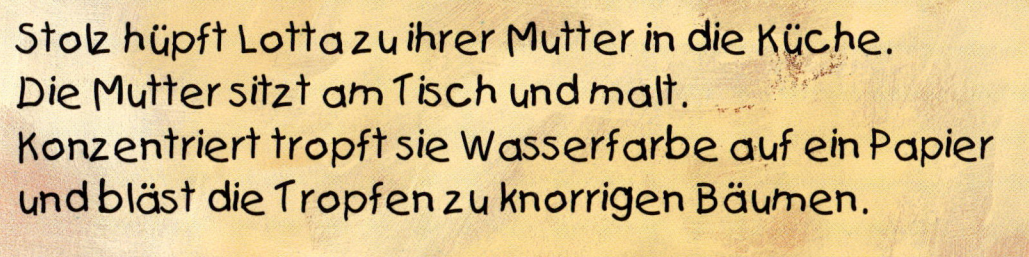

Stolz hüpft Lotta zu ihrer Mutter in die Küche.
Die Mutter sitzt am Tisch und malt.
Konzentriert tropft sie Wasserfarbe auf ein Papier
und bläst die Tropfen zu knorrigen Bäumen.

«Schau Mama!» Lotta hält der Mutter ihr Windrad hin.
«Kannst du auch einmal in mein Windrad blasen?
Ich möcht so gerne, dass es surrt und wie mein
kleiner Leo schnurrt!»

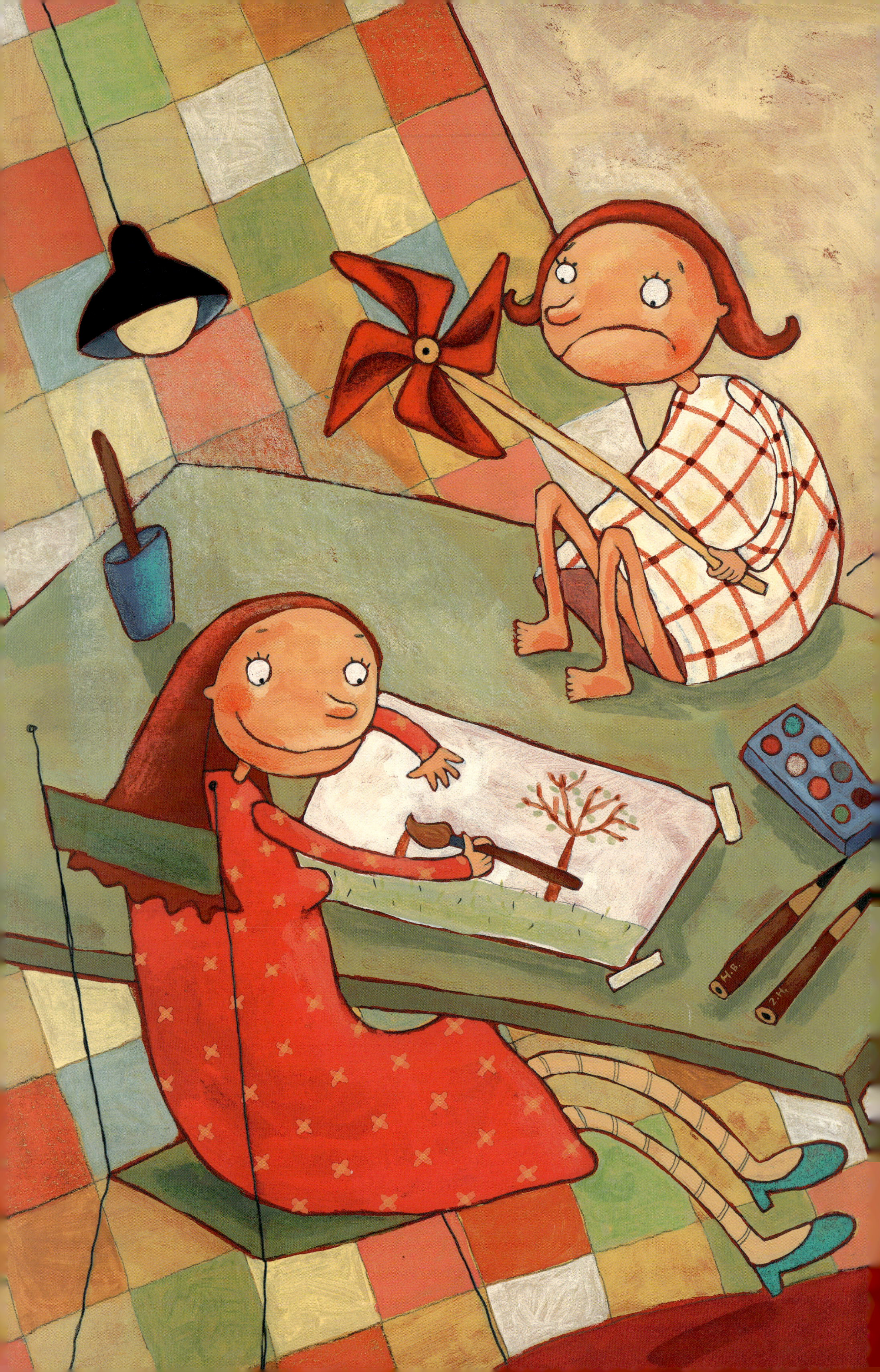
H.B.
2.H.

«Ach Lottamädchen!»,
antwortet die Mutter zerstreut.
«Jetzt habe ich wirklich keine Zeit für dein Windrad.
Du siehst doch, dass ich am Malen bin!»

Lotta rennt die Treppe hoch und stürzt ins Zimmer ihres grossen Bruders. Der bläst gerade auf seiner Trompete.

«Sieh, was ich habe!», ruft Lotta und hält ihm ihr Windrad entgegen. «Kannst du einmal genauso fest in mein Windrad blasen?

Ich möcht so gerne, dass es surrt und wie mein kleiner Leo schnurrt!»

«Geh raus kleine Lottaschwester!»,
befiehlt ihr Bruder.
«Ich habe jetzt keine Zeit für dein Windrad. Du siehst
doch, ich übe für das Konzert heute Abend!»

«Dann geh ich halt zu Papa», murrt Lotta,
«der bastelt bestimmt an seinem neuen Modellflugzeug.»

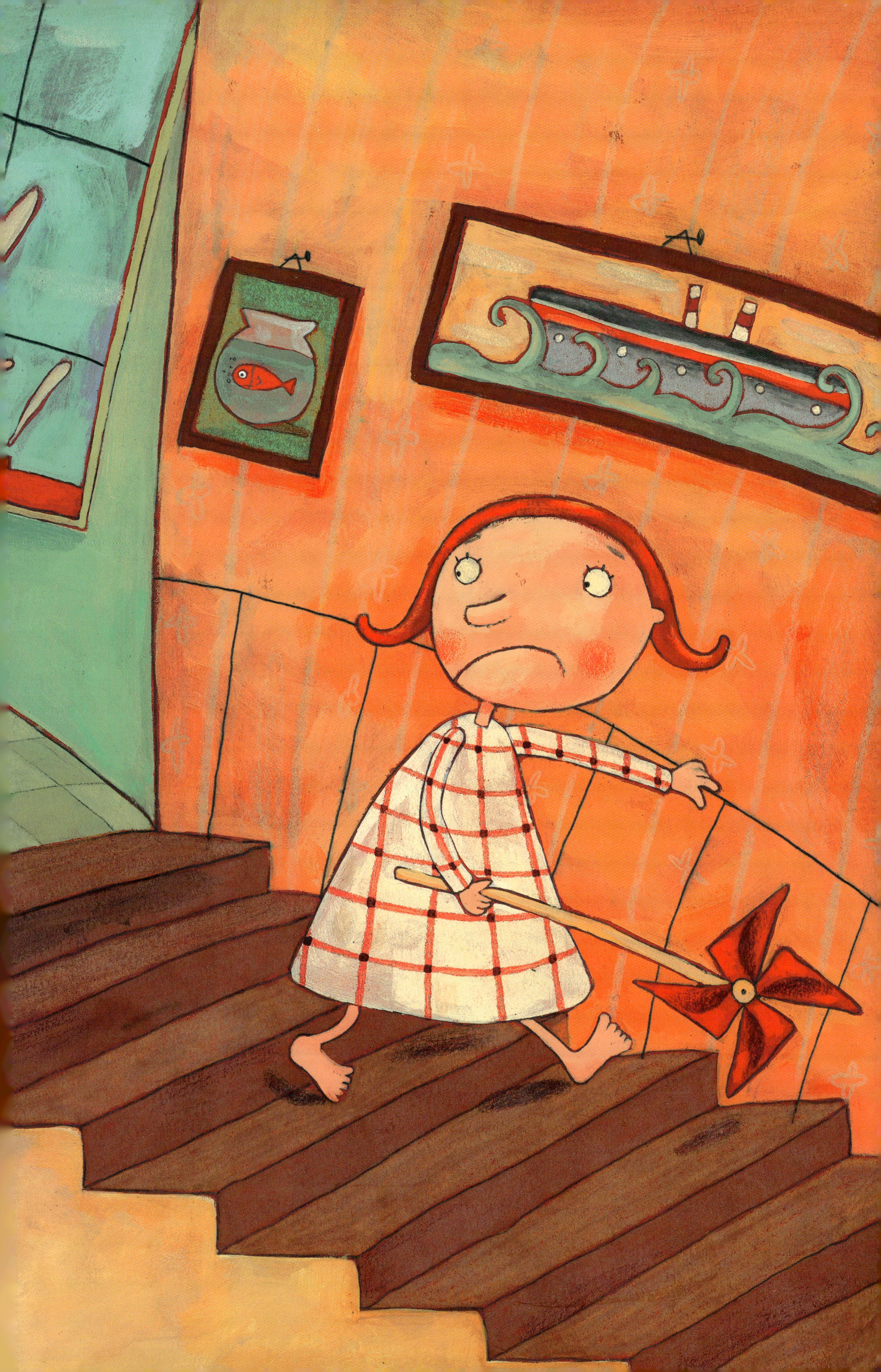

Sie steigt in den Keller hinab und öffnet die Tür zum Bastelraum. Ihr Vater steht an der Werkbank und sägt konzentriert an einem Holzstück. Immer wieder bläst er das Sägemehl weg, damit er die feinen Markierungen auf dem Holz sehen kann.

«Papa, guck mal, was ich habe!»
Vorsichtig geht Lotta an den vielen Modellflugzeugen vorbei und streckt ihm das Windrad entgegen.
«Kannst du auch einmal in mein Windrad blasen? Ich möcht so gerne, dass es surrt und wie mein kleiner Leo schnurrt!»

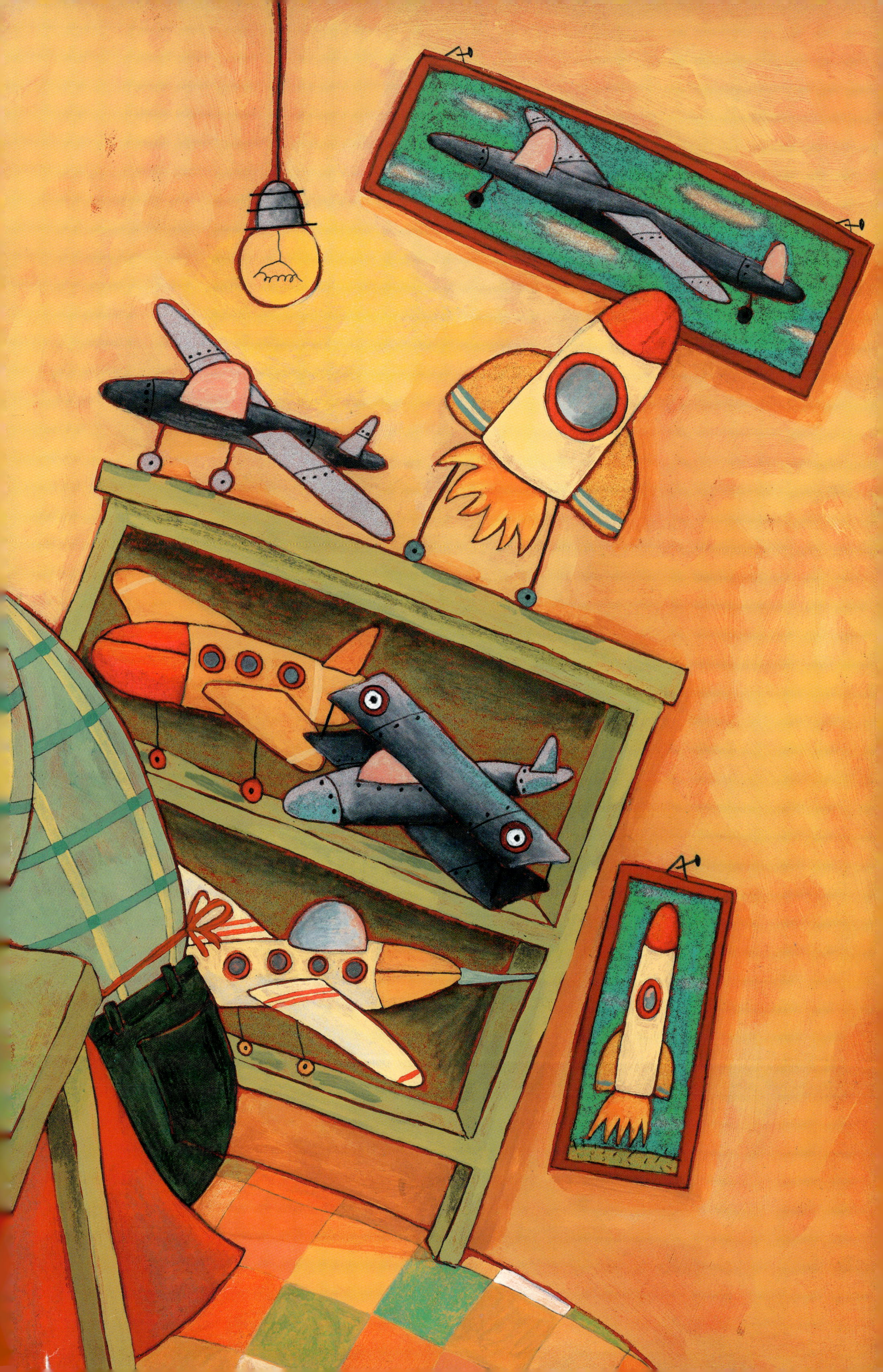

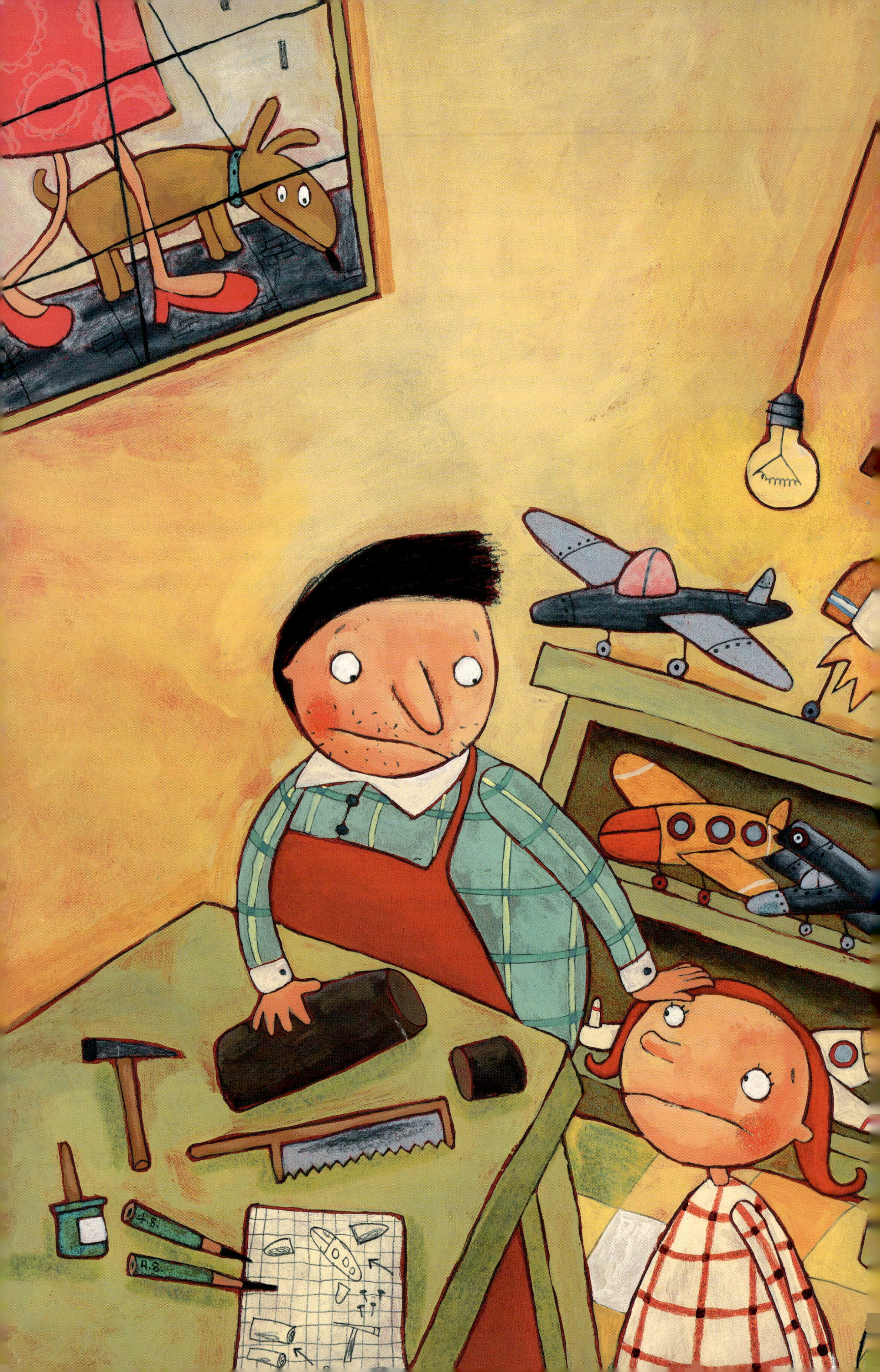

«Ich bitte dich, Lottakind!», brummt der Vater.
«Ich muss mich aufs Äusserste konzentrieren,
wenn ich will, dass das Teil am Ende passt.
Da habe ich wirklich keine Zeit für dein Windrad!»
Langsam steigt Lotta aus dem Keller hoch.

Traurig setzt sie sich auf die Treppe.
Da kommt Leo herbeigesprungen. Er legt
Lotta die Gummimaus zwischen die Füsse
und streicht ihr schnurrend um die Beine.

«Ach Leo!», schimpft Lotta vor sich hin.
«Keiner hat Zeit für mein neues Windrad.
Mama malt, Peter spielt Trompete,
Papa sägt und Oma — oh, das hätte
ich ja beinahe vergessen! Oma ist bei
uns zu Besuch!» Lotta springt auf.
«Komm, wir suchen sie!»

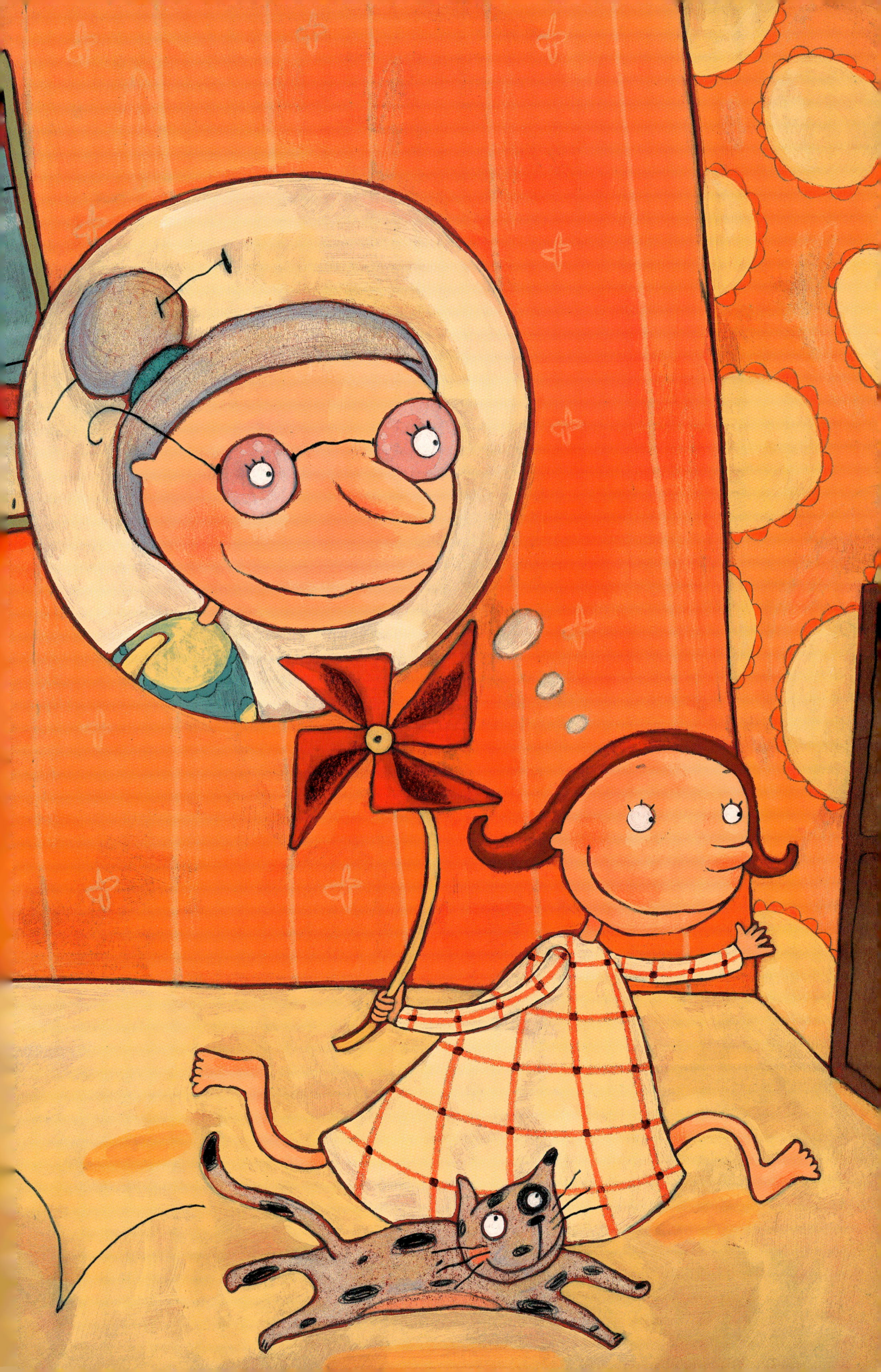

Gemeinsam suchen sie im Garten, im Gästezimmer und im Esszimmer. Doch die Oma ist nirgends zu finden. «Ob sie wohl im Wohnzimmer ist?», überlegt Lotta. Sie öffnet die Tür und – dort! Oma sitzt in ihrem Lieblingssessel.

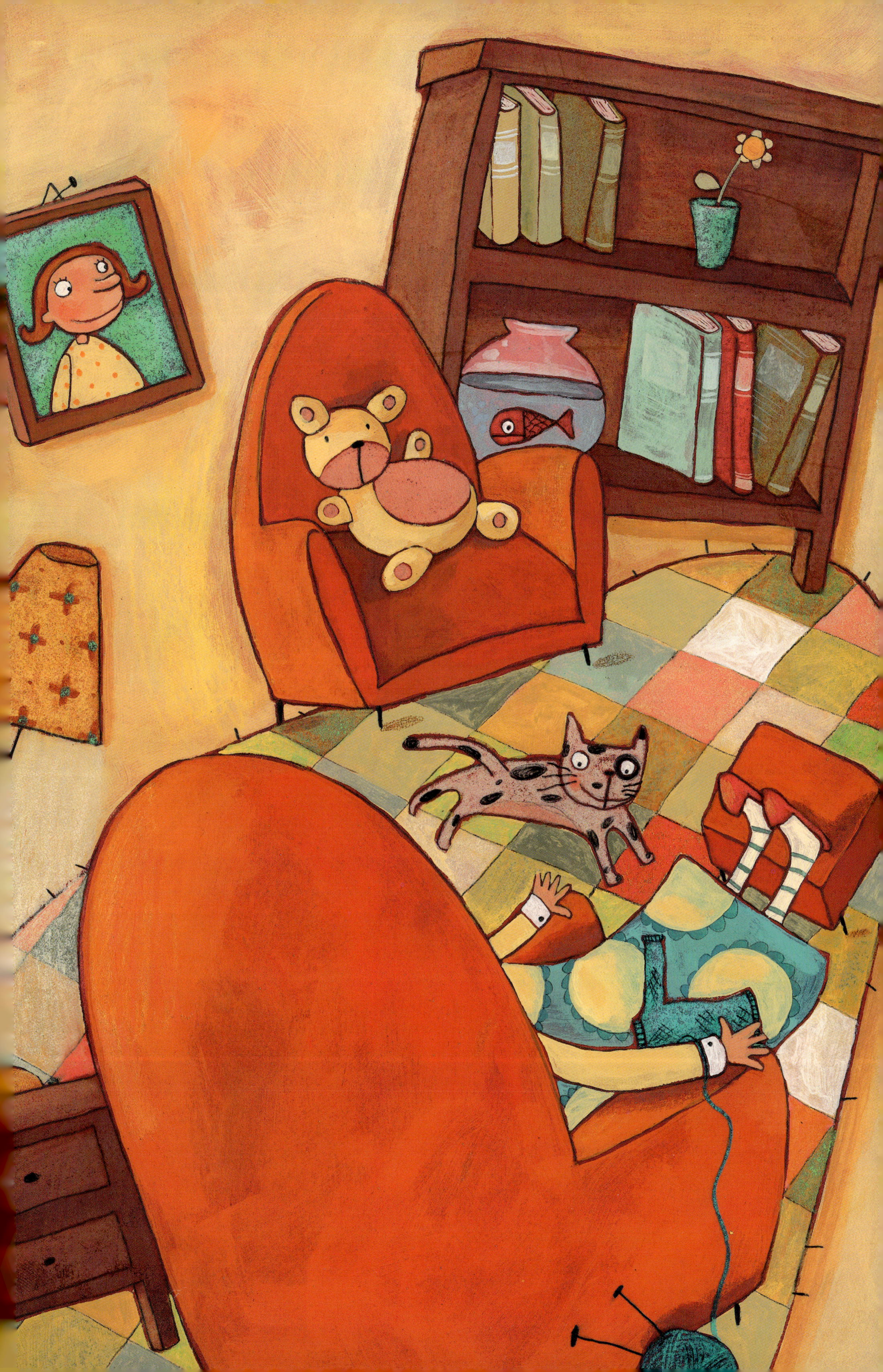

«Oma!» Lotta läuft zu ihr hin und streckt ihr das Windrad vors Gesicht.
«Bitte, ich möcht so gerne, dass es surrt und wie mein kleiner Leo schnurrt!»

«Chrrtschiipfüüü», gibt die Oma zur Antwort.
Sie sitzt im Sessel und schläft tief und fest.
«Nicht einmal Oma hat Zeit für uns!», murmelt Lotta enttäuscht.

Sie will eben ihr Windrad vom
Gesicht der Oma wegnehmen,
als es langsam zu drehen beginnt.
Lotta hält das Windrad noch
etwas näher an den Mund
der Oma.
«Bitte», flüstert sie,
«schnarch weiter!»

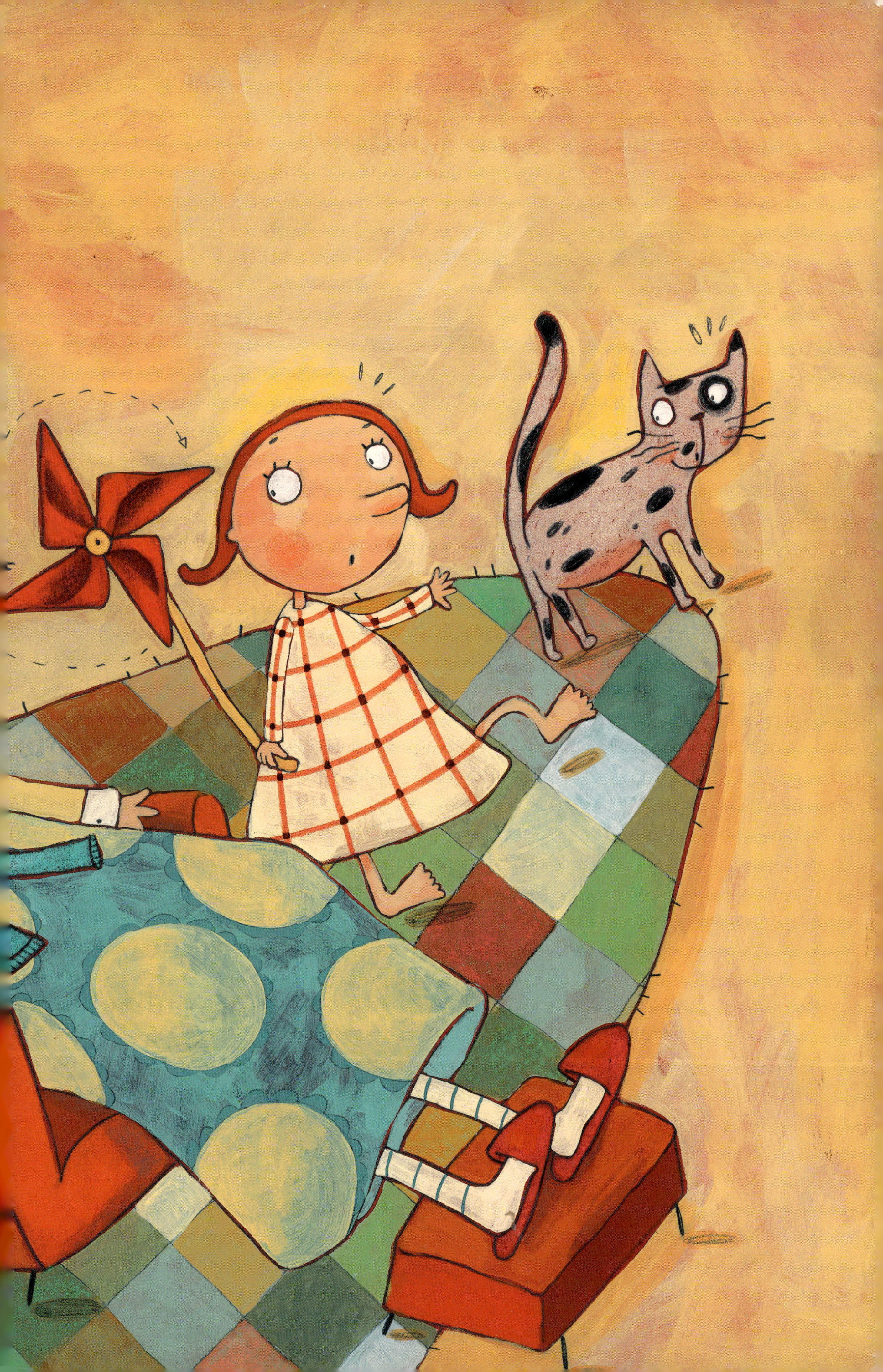

Und als hätte die Oma es verstanden,
schnarcht sie laut weiter.
«Chrrtschiipfüüü», und nochmals,